PANÉGYRIQUE

DE

LOUIS XVI,

ROI DE FRANCE ET DE NAVARRE,

LU DANS UNE RÉUNION DE FAMILLE ET D'AMIS
LE JOUR DE S. LOUIS;

PAR M. LAMY,

Membre du Conseil général du département du Puy-de-Dôme,
Juge d'instruction à Clermont.

Quis desiderio sit pudor aut modus
Tam cari capitis?.....
Hor., lib. 1, od. 20.

A CLERMONT,

DE L'IMPRIMERIE DE P. LANDRIOT.

1814.

AU PUBLIC.

LE foible ouvrage que j'ose présenter, est d'un intérêt et si vif, et si grand, par son objet, que j'espère obtenir la grâce de ma témérité.

Si je suis poursuivi par les critiques, ou par mes ennemis, j'irai me mettre à l'abri derrière la statue de Louis XVI ; et de cet asile sacré, je répondrai aux premiers : Mon écrit est mauvais, j'en conviens; vous avez les talens pour mieux faire : ne m'enviez pas l'avantage de vous en avoir suggéré la pensée.

Aux autres je dirai : Dès l'âge de vingt-cinq ans, j'ai traversé la révolution avec honneur, et toujours revêtu de diverses fonctions publiques; je me suis arrêté souvent, et avec courage, entre les partis; quelquefois j'en ai été froissé.

J'ai commis des fautes et des erreurs, sans doute : les unes appartiennent au temps, les autres à mon esprit, aucunes à mon cœur.

J'ai été pleinement récompensé de quelques légers services rendus à l'état ou à ce département, par les suffrages constans de nos assemblées politiques.

Les expressions de la gratitude de plusieurs de mes concitoyens, m'ont rappelé le plaisir que j'avois eu en les obligeant; et l'oubli ou l'abandon de quelques autres, m'apprend que la mémoire n'est pas toujours exacte et sûre.

J'ai été fidèle à l'Empereur: je n'en forme point le lâche désaveu; je ne suis pas né avec l'âme d'un traître.

J'ai eu la force de lui adresser des vérités dures, de lui reprocher les flots de sang que son ambition faisoit couler, et de prédire sa chute *, pendant que d'autres briguoient à genoux ses faveurs, et se couchoient dans la poussière lorsqu'il fronçoit le sourcil.

Je me serois rangé dans les derniers temps, avec enthousiasme, sous ses aigles, *non pas pour lui,* mais pour rejeter hors des frontières de la France, des ennemis dont je redoutois la barbare vengeance de tant d'affronts.

Je n'avois ni la science, ni la prévision de ceux qui, après les événemens, ont tout su, tout prédit, tout prévu : j'ignorois que *Joas*

_____
* Le 26 novembre 1813.

fût dans le temple, quand *Athalie* y étoit attirée.

Je ne voyois que nos provinces ravagées, nos femmes et nos filles outragées, la France anéantie sous les rapports de son existence politique, de son honneur et de sa liberté. Je ne voyois que Moscou en cendres, et un de ses tisons brûlans dans les mains d'un Tartare embrasant Paris.... Ah! j'aurois donné mille fois mon sang et ma vie, pour préserver ma patrie de tant de maux.

Mais je ne distinguois pas, je l'avoue, dans cet affreux tourbillon, *le char brillant de l'ourse*, portant dans nos climats ce potentat superbe qui soutient l'éclat d'un nom fameux, et dont les sentimens généreux, la modération héroïque et l'étonnante magnanimité, lui ont concilié le respect, la reconnoissance des Français, et l'admiration du monde entier. Je ne savois pas que son armée couvroit la famille sacrée, ni que sa main puissante, relevant le trône des lis, aidoit à y monter celui que la nation désiroit, mais qu'elle n'osoit plus espérer. Et parce que je ne suis pas prophète, les lieux saints me seront interdits!....

Français! que le passé nous serve de leçon. Soyons constamment ralliés dans le chemin de l'honneur, à ce panache blanc que le vaillant et bon Henri transmit avec tant de gloire à ses illustres descendans. Soyons toujours ralliés autour de *Louis le Désiré*, dont nous éprouvons tous la haute sagesse et la bonté ; autour de ce monarque qui n'aura désormais que deux ennemis à écarter, *la flatterie*, qui perd les rois, et *la calomnie*, qui assassine leurs sujets les plus utiles et les plus fidèles. Prenons tous la même devise : Dieu, la Patrie et le Roi. Allons ensemble visiter le sépulcre du meilleur des princes, le plus honnête homme de son royaume ; et si après avoir lu son testament, médité sur ses vertus, pleuré ses malheurs, et béni sa mémoire, un seul peut encore conserver dans son cœur quelques germes de dissension, de haine ou de vengeance, il n'est pas Français ; ou plutôt, il a perdu la raison : plaignons-le.

PANÉGYRIQUE

DE

LOUIS XVI,

ROI DE FRANCE ET DE NAVARRE.

MESSIEURS,

Lorsque la vertu paroît ici-bas avec tous les charmes de la simplicité et de la candeur, sous l'éclat pompeux d'un brillant diadème, l'admiration et le respect s'empressent de toute part de lui offrir leurs hommages, et les cent bouches de la renommée publiant cette rare merveille, elle devient un objet de contemplation, ou un beau modèle pour le monde étonné. Mais lorsque, par une de ces secousses violentes que le Tout-Puissant permet dans sa colère pour ébranler et détruire jusque dans ses fondemens l'ordre social qui paroît le mieux affermi, ce diadème est, d'un seul coup, réduit en poudre, et que la vertu qui le portoit, traînée dans la poussière par tous les degrés de l'infortune et du malheur, est enfin immolée par la main d'un bourreau; alors tout s'indigne, tout frémit, tout succombe sous les vains gémissemens de la pitié; la sensibilité n'a plus de bornes, et tous les cœurs, brisés de douleur, sont comme autant de sanctuaires où la grande victime reçoit un culte privé, en attendant le moment consolateur de lui rendre un culte public. Telle est, Messieurs, la disposition de vos âmes à l'égard de celui qui fut votre roi, et dont la mort atroce excite depuis vingt ans les larmes et les regrets de la France, comme elle excite les larmes et les regrets de la terre attendrie.

Je ne viens point, orgueilleux téméraire, brûler de l'encens au pied de la statue de ce bon roi, ni dispenser la louange en son honneur; je sais assez que la grandeur de ce ministère appartient à ces êtres privilégiés que la providence, dans l'excès de ses largesses, anima du feu de son génie, et auxquels elle prodigua ces talens admirables, cette éloquence à la fois pompeuse, entraînante, douce, persuasive, insinuante, qui, sans rien dérober à la vérité, embellit le charme de la vertu, comme elle fait pâlir le vice, et écrase de ses foudres le crime épouvanté. Ne sais-je pas aussi, Messieurs, que les portraits des grands hommes réclament les grands peintres, et que celui d'Alexandre fut réservé pour le pinceau d'Apelle. Mais, en ma qualité de Français, d'homme sensible et de sujet reconnoissant, il me sera sans doute permis de soulager la douleur qui m'oppresse, et de ne plus contraindre ni mes sanglots, ni mes pleurs.

Ô vous! qui que vous soyez sur le globe, citoyens d'une république, ou sujets d'une monarchie, si jamais la vertu eut des attraits pour vous, si le malheur fut toujours à vos yeux respectable et sacré, venez honorer la cendre de Louis! là, dans un profond recueillement et hors de la présence des passions, repassant dans la pensée la vie de ce prince infortuné, vous le contemplerez constamment vertueux dans son domestique, toujours vertueux sous le dais; grand au fort de l'adversité, et sublime sur l'échafaud : mais avant de vous retirer, vous recevrez la douce consolation de le voir, comblé d'honneur, de gloire et de félicité, au rang des saints.

Louis de Bourbon, seizième du nom, Roi de France et de Navarre, tige la plus auguste de ce tronc antique que la main de l'Eternel a placé dans les cieux, et dont les branches couvrent les trônes les plus brillans de la terre, reçut le jour le 23 août 1754; le malheur, comme un mauvais génie, présida à sa naissance, et le poursuivit jusqu'au tombeau. Telle fut, Messieurs, la déplorable destinée de ce prince, que tout ce qui fut entrepris par lui ou pour lui, on n'eut aucun succès, ou fut terminé par des désastres qu'il étoit impossible à la prudence humaine de calculer et de prévoir. Sans doute que celui qui sait tout, et dont la puissance infinie se joue, quand il lui plaît, de la vaine sagesse des hommes et de la force des rois et des peuples, voulut former sur le trône, pour l'accomplissement de ses impénétrables desseins, un modèle éprouvé de grandeur d'âme et de noblesse de sentimens, d'infortunes et de désolation, cachées sous les prestiges d'un bonheur apparent; un modèle enfin de cette patience et de cette résignation qui négocièrent si bien au cœur de Louis l'échange de sa couronne, la plus belle du monde, pour une couronne d'épines; mais qui lui obtinrent aussi, en retour, cette éclatante et superbe auréole qui brillera sur son front, dans tous les siècles, au palais de saint Louis.

La France se félicita, Messieurs, de voir le royal

enfant, sous le titre de duc de Berry, à peine sorti du berceau, livré aux soins du saint prélat de Limoges et du duc de Lavauguyon, que ses contemporains mirent, d'une commune voix, en parallèle avec ce duc de Montausier, qui, dans le même emploi, avoit étonné le siècle de Louis XIV, autant par l'éclat de ses vertus et l'austérité de ses mœurs, que par son vaste savoir, la délicatesse de son goût et la solidité de son jugement. Alors il fut facile d'augurer ce que seroit un jour le produit le plus précieux de la nature, après avoir été poli et mis en œuvre par les mains de deux artistes aussi habiles. Le duc de Berry perdit bientôt ses deux frères aînés, les ducs de Bourgogne et d'Aquitaine, et devint par leur mort l'héritier présomptif de la couronne; les larmes et les regrets que sa candeur et son ingénuité donnèrent dans ces deux circonstances, montrèrent à la fois deux grandes qualités naissantes, la sensibilité et le désintéressement.

Redoublez maintenant d'attention, Messieurs : ce n'est plus un prince du sang, qui, par sa haute naissance et ses rares qualités, est placé pour faire l'ornement de la cour, et mener auprès du Roi une vie paisible et privée; c'est, selon l'expression de Thomas, l'enfant de la patrie à qui la providence montre déjà la couronne, et dont les destinées feront les destinées du grand peuple qu'il est appelé à gouverner, et influeront peut-être pendant plusieurs siècles sur le sort de l'humanité, sur l'équilibre et la tranquillité du monde. C'est ainsi, d'après le même auteur, que le considéroit le Dauphin, père du duc de Berry. Cet illustre prince, dont la mémoire sera en honneur parmi les hommes tant que l'ombre de la vertu sera remarquée sur la terre, chérissoit ses enfans d'une égale tendresse; mais ses premiers soins, ses soins particuliers, étoient réservés à l'enfant de la France, à celui à qui sa naissance assuroit le pénible et dangereux emploi de gouverner un jour. Ce bon père s'associa aux instituteurs de son fils; et la princesse, sa digne épouse, voulut partager avec lui ses peines et ses travaux. Il se chargea de surveiller l'enseignement des langues et de la géographie, et la mère se réserva les leçons de l'histoire; mais ce couple vertueux ne confia jamais à d'autres les leçons et l'exemple de la religion, de la morale et de la vertu. Ainsi le jeune prince, appliqué et docile, croissant en science et en sagesse, faisoit les délices de la famille royale, combloit de contentement ses gouverneurs, et remplissoit la France d'espérance et de joie. Il surpassoit autant les autres princes de son âge, par la rapidité de ses progrès, la bonté de son caractère, et la noblesse de son maintien, que le lis dans nos jardins surpasse les autres fleurs par la hauteur de sa tige et le pur éclat de sa blancheur.

Oh! si le ciel irrité eût pu consentir à détourner ou à suspendre les terribles effets de sa vengeance; si celui devant qui les rois et les nations sont comme s'ils n'étoient pas, eût voulu dans sa miséricorde relever le bras que sa justice avoit déjà appesanti sur la France, les jours du Dauphin et de la Dauphine eussent été plus long-temps prolongés; ils auroient exécuté l'heureux dessein qu'ils avoient formé, de donner une seconde éducation à leur fils chéri; et le siècle, dans sa corruption, eût été étonné de les voir, à l'exemple de la reine Blanche, uniquement occupés à former un autre saint Louis pour la terre et les cieux. Mais le temps du terrible châtiment étoit accompli, et les premiers éclats redoublés du tonnerre ayant frappé le Dauphin et la Dauphine, l'orphelin de la France fut laissé sur cette terre, exposé à la violence de l'orage qui devoit.... Epargnez, grand Dieu! une tête si chère! Je ne vous entretiendrai pas, Messieurs, de cette perte irréparable si vivement sentie par le nouveau Dauphin; je ne vous parlerai ni de sa douleur profonde, ni de la désolation du Roi et de la famille royale, ni de l'affliction de la France, ni des regrets de l'univers. Les voix les plus éloquentes ont fait retentir, dans cette fatale circonstance, leurs accens lamentables que voiloit cependant un crêpe universel; je rentrerai dans mon sujet, en vous observant seulement, Messieurs, que de cette triste époque datent les épouvantables calamités qui ont ravagé, pendant si long-temps, l'héritage de saint Louis et de Henri IV. Monseigneur le Dauphin s'appliqua donc à mettre en pratique les principes et les exemples que lui avoient donnés les auteurs de ses jours, et continua de recevoir avec docilité les leçons de ses deux instituteurs. Bientôt plusieurs langues mortes et vivantes lui étant devenues familières, le mirent en relation avec les princes et les savans des divers états de l'Europe; la connoissance profonde de l'histoire lui acquit la connoissance des mœurs et des usages des nations, lui présenta des points intéressans de comparaison des temps anciens et des temps modernes, lui fournit les observations les plus exactes sur les causes de la grandeur, de la décadence et de la chute des empires; lui découvrit les ressorts les plus cachés des gouvernemens; lui montra ceux qu'il falloit employer, et ceux dont il étoit dangereux de se servir; lui indiqua les exemples qu'il falloit suivre, et les écarts et les fautes qu'il falloit éviter. En un mot, il se forma par l'histoire au grand art de régner; mais aussi, disons-le avec franchise, sans craindre d'offenser celui qui ne s'offensa jamais de rien, et qui trembla toujours d'offenser tout le monde, les leçons de l'histoire sur les malheurs des rois victimes de leur bonté, furent perdues pour Louis; elles ne firent aucune impression sur l'âme aimante de ce prince, qui posséda cette qualité jusqu'au point où elle dégénéra en foiblesse, et devint quelquefois un défaut.

Oui, Messieurs, si ce bras invisible pour vous comme pour moi, mais dont nous sentons tous la présence et la pesanteur, ne me forçoit pas d'abandonner mes recherches sur les causes de la catastrophe horrible qui attriste maintenant notre pensée, je n'hésiterois pas à l'attribuer à la bonté trop facile de Louis. Français! la bonté devenir un objet de dérision et de mépris! la bonté fournir le sujet de l'ingratitude la plus noire et de la haine la plus cruelle! la bonté érigée en tyrannie! la bonté précipitée du trône! la bonté traînée!... Ah! je m'arrête, Messieurs, devant ce fatal dénouement. Reportons nos regards sur le Dauphin, et continuons à admirer et à suivre les progrès de son éducation. Pendant que le royal enfant se perfectionnoit dans l'histoire, il excelloit déjà dans la géographie. Ces deux sciences, dans un cours complet d'éducation, doivent toujours marcher de front, et se prêter un mutuel appui. A l'âge où le commun des élèves commence à se livrer à l'étude de la géographie, le Dauphin étoit à même de l'enseigner avec succès aux autres. Il étonna bientôt les meilleurs géographes par ses observations critiques sur la méthode, par les erreurs qu'il découvrit, par celles qu'il rectifia, par les cartes qu'il leva. Il sembloit qu'il eût voyagé dans toutes les parties du globe. Il dessinoit sur le sable, dans ses promenades, une carte générale, marquoit les limites de chaque peuple, nommoit leurs villes, calculoit leur population, décrivoit le cours des fleuves et des rivières, indiquoit les déserts, les forêts; mesuroit la vaste étendue des mers, disoit les bancs de sable, les écueils et les courans, et donnoit les conseils les plus sages aux marins les plus expérimentés. Le Dauphin acquit par la suite la réputation du plus savant géographe du royaume; et monté sur le trône, il rédigea des instructions très-détaillées, qu'il donna au célèbre Lapeyrouse, pour son voyage vers les terres australes.

Le Dauphin ne se borna pas à l'étude des sciences utiles; il cultiva aussi les sciences et les arts d'agrémens. Il récitoit de mémoire nos grands poëtes, faisoit de la musique, et jouoit de plusieurs instrumens. Les lois de la mécanique ne lui étoient pas étrangères : il connut l'art de dompter les métaux; et dans la suite il fit de ce dernier objet le délassement de ses travaux de cabinet. Enfin, Monseigneur étant parvenu à sa quinzième année, ses gouverneurs déclarèrent au roi que son éducation étoit achevée. A l'apparition de ce doux, mais brillant météore, les courtisans furent vivement alarmés : le savoir du jeune Dauphin contrastoit avec leur ignorance; l'austérité de ses mœurs, qui ne se démentit jamais, les forçoit à rougir de leur dissolution et de leur libertinage, et sa religion et sa piété confondoient l'orgueil de l'athéisme. Dès lors il se forma à la cour une conspiration contre les belles qualités du Dauphin; sa timidité, qu'il ne put jamais vaincre, fut annoncée pour de la stupidité, sa modestie pour de la niaiserie, la sévérité de ses mœurs pour du ridicule, de la brusquerie et un défaut de goût. C'est alors que la vertu de Louis fut, selon l'exacte et heureuse expression de l'abbé Proyart, aux prises avec les vices et la perversité de son siècle; c'est alors qu'il commença cette lutte pénible qui a duré le reste de sa vie. Calomniateurs infâmes, vils détracteurs des vertus de mon roi! vous qui, par votre naissance et votre rang, vos devoirs, la reconnoissance et votre intérêt, étiez destinés à soutenir la colonne de l'état! misérables! vous la sapez dans ses fondemens, vous la minez en secret : quel aveuglement est le vôtre? le grand jour des vengeances approche; le jour terrible du châtiment luit déjà pour vous : vous subirez la peine due à vos forfaits. Semblable au fort de l'Écriture, Louis trouvera la mort lorsque l'édifice social, renversé par vos mains, s'écroulera avec un fracas épouvantable; mais vous aussi, comme les Philistins, vous resterez écrasés, ensevelis sous les mêmes décombres.

Eh quoi! Messieurs, dans mes sombres et tristes tableaux, n'aurai-je donc toujours à vous présenter qu'une perspective affreuse, et à vous montrer dans le lointain l'effroyable avenir qui s'avance, roulant dans ses flancs noirs et brûlans les monstres horribles qui doivent dévorer la patrie et ses enfans, ceux qui sont nés et ceux qui doivent naître; détournons, Messieurs, nos regards effrayés, pour les reposer au moins un instant sur la douce et riante image du bonheur du Dauphin. Le Roi, son auguste aïeul, méditoit depuis long-temps dans sa sagesse les moyens d'assurer à jamais la paix à son royaume, et de perpétuer sa race par le mariage de celui qui étoit appelé à lui succéder au trône. Mais il n'en est pas de l'union des princes comme de l'union des autres hommes : parmi ceux-ci, un amour mutuel et quelques convenances forment les nœuds les mieux assortis. Le mariage des rois est subordonné aux calculs de l'ambition et aux prétentions de l'orgueil; le goût le plus décidé, les penchans les plus doux, l'attrait le plus irrésistible, le sentiment le plus vif, le vœu le plus impétueux de la nature, sont presque toujours contrariés, en termes absolus, par de puériles raisons d'état, par le vil intérêt des ministres, et par de misérables intrigues de cour; mais cette fois-ci, comme par enchantement, la politique du Roi et le cœur du Dauphin, agissant de concert, demandent et obtiennent Marie-Antoinette de Lorraine, fille de Marie-Thérèse, impératrice d'Autriche et reine de Hongrie.

Louis XV, après avoir formé le pacte de famille, forma le pacte du continent, et par l'habileté de cette heureuse combinaison, il sembla rendre désormais la guerre impossible.

Louis, brûlant d'une chaste flamme, respiroit le bonheur parfait*. Sa compagne avoit paru comme un astre brillant devant lequel l'éclat des autres avoit pâli. Que de beauté! que de grâces! quelle fraîcheur réunie à la taille la plus élégante, au port, à la majesté de la décence et du maintien! sa modestie embellissoit encore tant de charmes, parés si richement par cette pudeur douce, enfantine, fille de l'innocence, qui commande à l'estime, et inspire à la fois l'amour, l'attachement et le respect. Quelle amabilité dans le caractère! que de gaîté! quel enjouement, et surtout quelle bonté! Telle la fable nous représente la mère des dieux, fixant tous les regards de l'Olympe, telle Marie-Antoinette, lorsqu'elle parut à la cour de France, non-seulement elle eut pour elle tous les yeux, mais aussi elle eut pour elle tous les cœurs. Ce couple charmant ne pouvoit pas faire un pas sans être comblé de bénédictions, sans exciter partout le plus vif enthousiasme. Ah! qu'ils sont beaux! s'écrioit-on : puisse leur bonheur durer toujours! La poésie, la peinture, l'aiguille savante, tous les arts célébroient à l'envi le bonheur de Louis, le bonheur de son épouse et les avantages du plus grand et du plus brillant des hyménées. Tous les cœurs

* Le mariage fut célébré le 15 mai 1770.

étoient ouverts à l'espérance et à la joie; l'ivresse de la cour avoit passé dans les provinces, dans les villes, dans les villages, aux hameaux; ce n'étoient partout que des transports et des chants d'allégresse, des fêtes et des réjouissances publiques; les peuples se rendoient en foule dans les temples, et les mains élevées vers le ciel, faisoient retentir les voûtes de leurs saints cantiques, et offroient avec les lévites des vœux et des sacrifices au Dieu d'Abraham, pour obtenir, en faveur du Dauphin et de son épouse, les jours et la postérité de Jacob. Oui, Messieurs, si je n'avois pas craint de profaner le langage de l'Écriture, j'aurois emprunté quelques-unes de ses sublimes images pour animer mon récit, et exprimer le tressaillement de la France entière. Non jamais, en aucun temps, dans aucun lieu, le contentement d'une grande nation ne fut ni aussi général, ni aussi vivement prononcé. Français, qui avez vu la Dauphine, votre reine, et vertueuse et belle, l'aimerez-vous toujours? Français qui connûtes le cœur du Dauphin et sa tendresse pour vous, qui le vîtes monté sur le trône entouré de ses vertus, précédé et suivi de ses bienfaits, serez-vous constans dans votre amour et votre respect? Puissent les sentimens que vous leur exprimez si vivement aujourd'hui, et dont ils composent leur félicité, ne se démentir jamais!

Paris, cette ville immense, la capitale du monde civilisé, par sa population, ses richesses, ses monumens, son goût, les talens, les sciences et les arts qu'elle renferme; cette cité, appelée par nos monarques leur bonne ville, voulut célébrer par ses fêtes et ses réjouissances le mariage de Monseigneur le Dauphin, et s'élever par sa magnificence à la hauteur du sujet. Le Dauphin ayant appris la disposition de la bonne ville, fut pénétré de sensibilité; mais il auroit désiré qu'on

B

eût renoncé à ce projet, tant à cause de la dépense, qu'à cause des accidens, résultat assez ordinaire des grands rassemblemens d'hommes et de leurs plaisirs bruyans. Il fut facile de dissiper ses craintes et d'arrêter ses vues économiques, en l'assurant qu'une sage prévoyance présideroit à tout, que la fête tourneroit au profit de la ville et à la satisfaction de tous les habitans; que dans ce grand jour, le riche charmeroit son ennui, et le pauvre sa misère. Il n'est point de mon sujet de donner les détails de cette fête charmante; il me suffit de vous observer, Messieurs, que tous les talens de la France furent mis à contribution, et que tous s'empressèrent d'acquitter leurs dettes sacrées. Le programme fut répandu dans nos provinces et dans toutes les cours de l'Europe, et la foule des étrangers que la curiosité attira dans Paris, fut si considérable, que ce furent eux-mêmes qui firent presque tous les frais. L'ordre fut admirable dans la journée; une douce ivresse s'étoit emparée de tous les esprits; les rues étoient jonchées de fleurs, les emblèmes les plus ingénieux étoient multipliés à l'infini, et les décorations variées que l'on rencontroit à chaque pas, ravissoient l'œil étonné; les amusemens de tout genre, les hymnes d'allégresse, les noms des deux époux volans de bouche en bouche, les concerts harmonieux, les tables dressées dans tous les quartiers, et couvertes de comestibles sans cesse renaissans, des fontaines intarissables de vin, tout annonçoit les plaisirs et l'abondance, tout représentoit l'âge d'or et le règne de Saturne et de Rhée. Une journée aussi délectable ne laissoit-elle pas l'espoir d'une nuit délicieuse ? les illuminations furent aussi brillantes que magnifiques; la ville sembloit couverte d'or et de diamans disposés avec un art et un goût admirable, et sur lesquels seroient venus se briser les rayons étincelans du soleil; un feu d'artifice qui devoit représenter dans sa beauté magique les augustes époux au temple de l'Hymen, avoit attiré sur la place Louis XV un concours immense de peuple et de voitures. On étoit dans l'attente du premier signal, quand tout à coup on entendit un long mugissement, semblable au mugissement des vagues de la mer, qui annonce l'orage et la tempête. Les flots pressés d'un peuple nombreux se reportent soudain sur eux-mêmes; les chevaux et les voitures, entraînés par ce mouvement rétrograde, renversent, foulent ou écrasent tous ceux qu'ils rencontrent; le tumulte est grand, et le désordre extrême. La peur s'empare de toutes les âmes, elle augmente le danger, et multiplie les accidens. Les uns, pour éviter la mort qu'ils redoutent, se vouent à une mort assurée en se précipitant dans la Seine; d'autres y sont jetés par le flux et le reflux de ce peuple effrayé. Des voleurs et des brigands, répandus sur cette place, se livrent avec fureur au vol et à l'assassinat. Les uns tombent sous le poignard des assassins, ceux-ci eux-mêmes sous le fer des scélérats qui les méconnoissent; l'air est rempli des hurlemens des mourans et de ceux qui ont peur de mourir, des cris de la rage et du désespoir. Ceux qui parviennent à s'échapper, volent dans la ville semer la terreur et l'effroi. Chacun craint pour ses affections, et se précipite de tout côté vers la place fatale. On heurte en courant les cadavres ou les mutilés que l'on transporte dans les hôpitaux ou dans leurs maisons. On n'entend plus dans cette grande cité que pleurs et que gémissemens. Partout les flambeaux de l'hymen sont éteints, et remplacés partout par la pâle lueur des lampes sépulcrales. Enfin les ombres de cette nuit effroyable se dissipent, et le jour qui leur succède répugne à éclairer tant de désastres. O nuit épouvantable, qui enveloppa de tes voiles sombres cette grande calamité ! garde-toi de laisser pénétrer cet affreux mystère, et que la postérité doute encore si ce fut un malheur fortuit ou un horrible attentat.

Cette triste nouvelle parvient promptement à Versailles; le Dauphin est arraché au sommeil par les accens de la douleur : à peine peut-il soutenir le cruel récit, il en a l'âme brisée. Ah ! s'écria ce bon prince, si j'avois suivi mon pressentiment secret, j'aurois conjuré le Roi de ne point permettre cette fête, et sur le champ il écrivit au lieutenant de police de Paris : *J'ai appris les malheurs arrivés à mon occasion; j'en suis pénétré. On m'apporte en ce moment ce que le Roi me donne pour mes menus plaisirs; je ne puis disposer que de cela, je vous l'envoie : secourez les plus malheureux.* Depuis ce moment, et pendant le cours de sa vie, il exerça sa bienfaisance envers les victimes de ce fatal événement. Remarquez, Messieurs, ce sentiment de bonté et de pitié du Dauphin, bien différent sans doute de ces princes qui, dans leur froide et orgueilleuse insensibilité, comptent pour rien la vie des hommes et le sang de leurs sujets. O Prince infortuné ! tes larmes, ta douleur et tes dons ne satisfont pas le ciel irrité ; il demande en expiation la plus grande des victimes, et ne veut en holocauste sur cette même place, que le sang d'un Monarque innocent.

Les jours du Dauphin, jusqu'à la mort de Louis XV, s'écoulent dans le calme des passions, dans les douceurs de l'union la plus tendre, dans l'affection qu'il eut toujours pour ses frères et sœurs, dans l'amitié qu'il prodigua à un très-petit nombre de personnes admises à l'honneur de son cercle, et enfin dans les pratiques de la religion, des bonnes mœurs et de la vertu. Sa jouissance la plus délicieuse étoit de faire du bien, aussi se déroboit-il souvent de la cour pour aller soulager le malheureux sous le chaume, c'est ce que ce cœur excellent appeloit *sa bonne fortune;* et lorsqu'on s'en apercevoit, il répondoit : *Il est bien singulier que je ne puisse aller en bonne fortune sans qu'on le sache.* A tant de bienfaisance, il réunissoit une telle pureté de mœurs, que rien ne fut capable de le faire relâcher de sa sévérité sur ce point. Le Roi, le Roi lui-même éprouva sa noble résistance, lorsque la courtisane qui avoit su captiver le cœur de Sa Majesté, sollicita l'honneur de souper avec madame la Dauphine; le Dauphin se rendit sur le champ chez le Roi, et triomphant pour la première fois de sa trop grande timidité, il lui dit, avec autant de respect que de fermeté : *Sire, je suis disposé à donner personnellement à Votre Majesté toutes les marques possibles de tendresse, de soumission et de respect; mais il est de mon intérêt et de mon devoir de ne laisser approcher de madame la Dauphine aucun scandale* *. Il conserva toujours une telle horreur de la dépravation des mœurs, qu'il éloigna de sa maison les personnes qui en étoient convaincues, sans égard pour la recommandation, la naissance et le rang; c'est cette respectueuse fermeté qui lui fit dire, en parlant d'un jeune homme d'une des familles les plus distinguées, qui sollicitoit une des

* Les deux époux étoient dans une telle conformité de sentimens à cet égard, qu'après bien des refus, madame Dubarry ayant été présentée par madame de . . . . . , la Dauphine prit le ton de dignité, et n'adressa la parole ni à l'une ni à l'autre ; mais quand elles furent sorties, elle dit avec sa gaîté ordinaire : *Il m'a semblé voir un instant l'écume de l'autre siècle, faire les honneurs des vices de celui-ci.*

premières places de sa maison : *S'il l'obtient, qu'il n'approche pas de ma personne; je le dispense de son service.* C'est cette pureté de mœurs, qui contrastoit si évidemment avec la dissolution de la cour, qui arma secrètement tant d'ennemis contre la vertu de ce prince. On osa lui demander un jour quel nom il prendroit quand il seroit sur le trône : *Celui de Louis le Sévère*, répondit brusquement le Dauphin. Ah! prince magnanime! à ce nom les courtisans tremblèrent, et aussi..... mais.....

Le moment est cependant arrivé où le Dauphin doit abandonner les charmes de la vie privée pour les agitations de la vie publique, qu'il avoit toujours tant redoutée.

Louis XV ayant terminé sa carrière [*], monseigneur le Dauphin, sous le nom de Louis XVI, prit les rênes de l'État que son aïeul avoit laissé flotter au gré de l'intérêt ou du caprice de quelques favoris qui abusoient de sa puissance, de ses foiblesses et de sa bonté. Tout autre prince qui, à l'âge de vingt ans, auroit tenu le plus beau sceptre du monde, et qui n'auroit considéré sa position que sous les rapports de la grandeur et de la puissance, eut été sans doute enivré de son bonheur; mais Louis, qui avoit profondément médité les devoirs des rois, qui avoit calculé toute l'étendue de leurs obligations, en fut effrayé, et ne vit la couronne que comme un lourd et pesant fardeau, qu'il se résigna à porter péniblement, pour obéir aux décrets de la Providence, dont il ne cessa d'implorer la grâce et le secours [**]. Louis porte ses

---

[*] Le 10 mai 1774.

[**] Un roi sage, ainsi Dieu l'a prononcé lui-même,
Sur la richesse et l'or ne met point son appui ;
Craint le Seigneur son Dieu ; sans cesse a devant lui

regards empressés sur la situation de son royaume : quel tableau déchirant pour son cœur ! une dette immense, des déprédations de tout genre, un désordre dans toutes les parties de l'administration, l'état malheureux au dedans, et déconsidéré au dehors par une paix honteuse; la dissolution de la cour, le luxe et la corruption gagnant toutes les classes de la société, les dérèglemens de la noblesse, la conduite irrégulière du clergé, tous les élémens de discorde dans le Tiers-État. L'athéisme marchant le front découvert et la tête levée, feignant d'appeler au combat le fanatisme qui n'existoit plus, pour combattre et détruire la religion dont il avoit juré la perte, tantôt déclamoit avec audace contre la philosophie, dont il redoutoit la sagesse et le flambeau ; tantôt se déguisant sous le manteau de la philosophie, et masquant ses desseins cruels du grand intérêt de l'humanité, attaquoit avec l'arme tranchante du ridicule les institutions, le sacerdoce et la royauté, et précipitant une jeunesse fougueuse, alloit toujours droit vers son but, en ébranlant à la fois l'ordre social, le trône et l'autel.

Louis eut le courage de se tenir sur le bord de l'abîme, et d'en sonder la profondeur; il se flattoit encore du doux espoir de le fermer un jour. Hélas! il ne s'attendoit pas que bientôt il devoit y être englouti lui-même ! Son amour pour ses peuples augmente en proportion de leurs maux ; l'idée de leur soulagement par l'économie a dilaté son cœur, et aucun sacrifice ne lui coûtera dès qu'il pourra tourner

Ses préceptes, ses lois, ses jugemens sévères,
Et d'injustes fardeaux n'accable point ses frères.
ATHALIE, <i>act. IV.</i>

Cùm constitutus fuerit.

DEUT., ch. 17, ɣ. 16 et 19.

au profit de ses sujets. C'est dans cette vue, Messieurs, qu'il fit d'abord remise de son droit de joyeux avénement, qu'il réduisit considérablement les dépenses qui tenoient à sa personne et au faste de sa cour, et qu'il réforma une partie de sa maison militaire.

Louis, sans cesse animé du désir du bien public, porte un regard attentif sur toutes les parties du gouvernement, et il ne reposa point qu'il n'en eût débarrassé ou retrempé les rouages. Il se hâte de congédier les ministres foibles, inhabiles ou corrompus, ainsi que les conseillers perfides et les lâches adulateurs, qui depuis trente années avilissoient la France et le Monarque aux yeux de l'Europe indignée, et versoient sur le royaume la coupe de tous les maux. Il s'empresse d'appeler au ministère et de composer son conseil de ceux qui lui furent indiqués par la confiance générale, et auxquels succédèrent, dans le cours de son règne, quelques sages éprouvés, mûris par le travail et l'expérience. Si tous ne remplirent pas également son attente, il ne faut en accuser, Messieurs, que les malheurs de la destinée de Louis, il ne faut s'en prendre qu'à ce génie du mal qui traversoit toujours ses desseins les mieux concertés, et faisoit souvent périr dans les mains de ce prince jusqu'au germe du bien qui n'attendoit que l'occasion favorable pour se développer.

Les parlemens, ces colonnes de l'État, les défenseurs des droits du peuple, les gardiens des lois, les dépositaires des peines secrètes et publiques de la nation, son organe auprès du trône, ces magistrats suprêmes tuteurs des citoyens, appuis respectables de la royauté, en butte sous le règne précédent aux outrages et aux persécutions, gémissant dans l'exil et la dispersion, remplacés par des magistratures éphémères, usurpatrices, sans force et sans considération, sont tout à coup rappelés par la voix même de Sa Majesté, et rendus à leur antique institution. Puissent ces magistrats n'en jamais perdre le souvenir, et se pénétrer de cette vérité, que la moindre atteinte portée à la monarchie feroit crouler leur pouvoir et leur autorité, et attireroit sur la France des maux incalculables!

Louis fixe son attention sur l'administration de la justice, et médite la réforme de nombreux abus. Son cœur se soulève à l'aspect de ces tortures, restes de la barbarie des siècles les plus barbares, inventées ou maintenues par l'ignorance, la cruauté, la tyrannie ou le fanatisme, pour arracher du coupable ou de l'innocent des aveux forcés par la douleur, démentis à l'instant par la conscience ou par l'intérêt de soi ou des autres. Il abolit enfin cette question préparatoire qui contraignoit le malheureux auquel elle étoit appliquée, à se nuire à lui-même et à compromettre l'innocence d'autrui, à mourir dans le désespoir et à laisser le juge vivement alarmé et dans la cruelle indécision de ce qu'il devoit admettre ou rejeter. Animé du même esprit, il se hâte d'améliorer le régime des prisons et celui des hôpitaux; ces sombres et douloureux asiles, où le crime, l'innocence et le malheur sont souvent confondus, excitèrent tour à tour sa pitié, son intérêt et sa bienfaisance. Semblable au père de famille, Louis porte l'œil du maître dans ses domaines: il cherche vainement des hommes, et ne trouve partout que des esclaves; sa bonté s'en indigne, et ses mains généreuses rompent les chaînes de ses enfans: le servage est aussitôt aboli dans ses terres, et le Roi ne veut que des hommes libres pour sujets.

Monarques de l'Europe, vous qui vous parez du *nom* pompeux de philosophes; vous qui, en proférant avec tant d'ostentation les maximes les plus sentencieuses, resserrez en secret les fers de vos peuples, et asservissez sous votre joug accablant tout ce qui respire autour de vous, accourez tous sous le portique de Louis, venez admirer sa noble simplicité, écoutez les leçons de la plus haute sagesse, et prononcez ensuite qui de vous ou de lui mérite mieux le titre de véritable philosophe, l'amour et la reconnoissance du genre humain.

En donnant ses soins à l'intérieur, Louis s'occupoit aussi des moyens de faire fleurir le commerce maritime, et de rétablir l'honneur de son pavillon. La guerre lui parut inévitable, et sa prévoyance agit de manière à ne pas en redouter les suites. Nos possessions lointaines et nos places furent mises dans un état respectable de défense; des vaisseaux furent achetés, nos arsenaux approvisionnés, des bois de constructions et des mâtures du nord vinrent couvrir nos chantiers et se courber en vaisseaux dans nos ports. A la voix de Louis, la marine marchande présente avec joie ses courageux enfans, que viennent exercer les officiers de la marine royale les plus distingués par leur expérience et leurs talens. Cette activité étonnante, ces généreux élans, ce concours de toutes les facultés, font présager le retour des beaux jours de la marine française, et naître l'espoir de voir briller de nouveau la gloire des Duquesne, des Jean-de-Bart et des Duguay-Trouin. La scène qui s'ouvre dans le Nouveau Monde va bientôt en fournir l'occasion.

Les habitans de l'Amérique septentrionale, opprimés par les Anglais, gémissant depuis long-temps sous le poids de leur joug tyrannique, s'adressent à la métropole, et réclament justice; l'orgueil et la dureté britanniques les repoussent, et l'avarice les charge de chaînes plus pesantes encore. Tant de souffrances et d'injustices lassent enfin la patience des Américains, et irritent leur courage. Ils se déclarent en insurrection, brisent leurs fers, chassent les suppôts de leurs tyrans, et se rallient autour d'un grand homme; Washington est proclamé le vengeur et le protecteur de l'Amérique.

Les insurgés implorent cependant le secours de la France; la politique et l'intérêt du Roi n'avoient pas à balancer : ils devoient saisir avec empressement l'heureuse circonstance qui se présentoit naturellement, pour soustraire sept millions d'hommes à la domination de l'Angleterre, et affoiblir aussi considérablement la force et la puissance de l'ennemie de la gloire et de la prospérité des Français; mais les scrupules viennent aussitôt assiéger la conscience de Louis : elle en est alarmée. Il voit en pitié les Américains malheureux; mais sa loyauté craint de les trouver rebelles. Il étoit dans cette perplexité, lorsque le gouvernement anglais, sans déclaration préalable, insulte, menace, attaque nos vaisseaux et nos possessions lointaines. La France indignée fait alors entendre un cri de guerre; Louis cède à ce mouvement aussi juste qu'impétueux : il traite avec les Américains, reconnoît leur indépendance, et leur promet protection et secours. Il publie aussitôt son manifeste, couvre les mers de ses vaisseaux, et envoie une armée aux insurgés.

Les détails de cette guerre ne sont point de mon sujet; ils appartiennent à l'histoire. Il suffit de vous rappeler, Messieurs, que le bailli de Suffren chassa les flottes anglaises des mers de l'Inde, brûla leurs comptoirs, et s'empara de leurs richesses; que d'Estaing, Guichen, d'Orvillers, la Mothe Piquet, Bouillé, battirent ou mirent en fuite les flottes de l'Angleterre partout où ils les rencontrèrent, ou s'emparèrent de leurs îles; que Rochambeau et la Fayette obligèrent lord Cornoüales et toute son armée, à mettre bas les armes, à se rendre à discrétion, et ce général lui-même à subir l'humiliation de remettre son épée à ce Washington, qu'il avoit si souvent nommé du nom de factieux et de rebelle. Enfin, malgré l'indécision de la bataille d'Ouessan, les armes françaises conservèrent toujours leur supériorité. Une paix glorieuse vengea la France du traité de paix précédent, obligea les Anglais à reconnoître l'indépendance des Américains, à traiter d'égal à égal avec cette nouvelle puissance, et à se désister de l'orgueilleuse prétention de dominateurs des mers. Une guerre aussi heureusement terminée auroit dû tourner à la gloire de Louis et à l'avantage de son royaume; mais par cette fatalité que vous n'avez cessé de remarquer, Messieurs, c'est de cette guerre, c'est de l'Amérique que sont sortis, comme de la boîte de Pandore, tous les maux qui ont accablé et Louis, et la France.

Par les soins de ce bon Roi, les forces militaires augmentent, le port de Cherbourg est creusé, le commerce fleurit, l'agriculture prospère, et déjà, malgré la routine, les meilleures méthodes se propagent. Les sciences, les lettres, les arts sont protégés; les talens sont récompensés, et des statues érigées en l'honneur des hommes illustres que la France a produits. Louis, comme Titus, auroit regretté d'avoir perdu un jour, si un seul jour n'eût été marqué par des bienfaits. Quelquefois, poursuivi par les soucis dévorans, se dérobant aux affaires, il se réfugie au centre de ses affections, où les marques de tendresse de son épouse, les caresses innocentes de sa fille, les sourires enfantins du Dauphin, et les empressemens de son auguste famille, calment les agitations de son âme, rendent la paix à son cœur, et lui font goûter avec délice le repos qu'il ne peut plus trouver nulle part. Que ces heureux instans sont rares et courts pour Louis ! le tableau des finances se présentant sans cesse à son imagination, vient arracher ses sens à ce charme agréable. La dette s'étoit accrue ; un *déficit* énorme agrandissoit chaque année la plaie qu'un ministre actif, infatigable et courageux avoit osé mettre à découvert, et qu'un autre ministre, pétillant d'esprit, se chargea de guérir par des palliatifs ingénieux et des espérances chimériques. La situation du royaume ayant été exposée, la malignité s'en empara; les ennemis du roi, ceux qui professoient des principes subversifs ou étrangers à l'ordre établi en France, ceux enfin qui avoient conçu l'idée d'un bouleversement prochain, saisirent cette occasion pour anéantir l'amour, le respect, la confiance et le crédit, en distillant à grands flots le venin de la calomnie sur les personnes sacrées de Leurs Majestés, et sur la marche du gouvernement. Une trame scandaleuse seconda trop bien l'effort des méchans. Un prince de l'église, le premier prélat du royaume, fut la dupe d'une intrigante et d'un escroc; la Reine, qui avoit ignoré cette infernale machination, fût compromise dans l'opinion ; et quoique son innocence eût éclaté aux yeux même de ses ennemis les plus prévenus, elle n'en perdit pas moins la considération et l'attachement des Français. Un collier servit de tocsin à la révolution.

Le roi s'apercevant de l'inquiétude générale, du changement opéré dans les esprits, et de l'agitation de quelques individus ou de quelques corps influens, essaya de dissiper ces symptômes effrayans, et de ranimer la confiance, en appelant auprès de lui les notables de son royaume. Cette réunion de probité, de lumières et de talens, sur laquelle le roi avoit fondé un grand espoir, ne procura aucun résultat avantageux.

Un prélat, associé au ministère, acheva de tout brouiller par son esprit de système et d'innovation : il souleva les parlemens, qui soulevèrent eux-mêmes la nation.

L'homme qui, pendant son ministère, avoit calculé toute l'intensité du mal, celui qui avoit osé en prédire les suites funestes, Necker enfin, est rappelé au ministère, et ne voit d'autre remède que la convocation des états généraux.

Le roi adopte avec joie une proposition qui étoit déjà dans sa pensée, et en accordant au tiers-état la double représentation, il met cet ordre en équilibre avec les deux ordres privilégiés ; et la sécurité est telle, qu'il ne met pas en doute la prompte restauration de l'état et le bonheur de son peuple.

Après bien des lenteurs et des débats, de la résistance, et des refus de sacrifices nécessités par l'empire des circonstances, de la part du clergé et de la noblesse, les ordres se confondent, et l'assemblée nationale votera par tête.

Dans cet intervalle, une famine factice, l'œuvre de la plus profonde scélératesse, se faisoit sentir à Paris ; le peuple, inquiet sur ses subsistances, fut facile à égarer. L'autorité du Roi est méconnue, plusieurs de ses agens sont victimes de la fureur populaire. La Bastille est assiégée, prise, rasée, et le gouverneur impitoyablement massacré. Le mouvement insurrectionnel se communique dans toutes les provinces avec la rapidité de l'éclair; le tocsin sonne en même temps dans toutes les communes de la France : dans trois jours le peuple est en armes, et la révolution est faite.

Le Roi conjure l'assemblée de pourvoir avec lui au salut de la monarchie; mais les uns réclament la constitution des États-Unis d'Amérique, et en propagent les principes; d'autres proposent la constitution anglaise, et des scélérats osent parler d'un changement de dynastie. Au milieu de ce foyer de lumières et de passions, les droits de l'homme sont cependant proclamés, l'égalité est reconnue, les rangs sont détruits, le régime féodal aboli; plus de distinctions, plus de priviléges, plus de noblesse, plus de dîmes; les personnes et les propriétés sont affranchies, une constitution est promise aux Français, le roi et sa dynastie sont conservés. Heureux si cette assemblée se fût occupée sans relâche à restaurer l'édifice social, les finances et le crédit, et à seconder de tous ses efforts les vues paternelles et, j'oserai dire, philantropiques de Sa Majesté! mais les révolutions, Messieurs, sont comme un torrent : dès que la digue est rompue, rien ne peut en arrêter le cours ni les ravages.

Des factieux soudoyés agitent la populace de Paris : elle s'ébranle la nuit du 5 au 6 octobre, se dirige sur Versailles, assiége le Roi dans son palais, et menace les jours de la Reine. Les fidèles gardes de cette princesse défendent l'entrée de ses appartemens; ils sont massacrés sur le seuil de sa porte, et les scélérats plongent leur fer trompé dans la couche de la Reine, qui à peine avoit eu le temps de se sauver dans l'appartement du Roi. Oui, Messieurs, l'heureuse lâcheté de l'exécrable moteur de cet horrible forfait empêcha qu'il ne fût entièrement consommé, et laissa expirer la rage de ses suppôts dans les cours de Versailles. Une autre impulsion est aussitôt donnée; l'assemblée nationale va tenir ses séances à Paris, le départ et le séjour du Roi dans la capitale sont demandés à grands cris. Le Roi avoit réuni les moyens de contenir ou de dissiper cette populace effrénée; mais il falloit verser quelques gouttes de sang : sa bonté ne put s'y résoudre; il craignit la guerre civile : cette pensée lui fit horreur; il se rend donc à Paris au milieu d'un cortége de brigands et d'assassins, ivres de crimes, de sang et de vin, et précédé des têtes des gardes portées au bout d'un fer sanglant. Là, Messieurs, se termine pour moi la vie politique de Louis. Les opérations de l'assemblée constituante, celles de l'assemblée législative qui lui succéda, sont du domaine de l'histoire. Le roi de France ne règne plus, il est captif dans son propre palais, et commence sa longue et cruelle agonie. Je dirai seulement qu'en butte à tous les outrages, il en supporta la violence et l'amertume avec une fermeté et une grandeur d'âme qui déconcertèrent souvent ses ennemis les plus acharnés; qu'ayant à défendre sa vie, mais uniquement soigneux des jours de sa famille, il eut le courage de braver toutes les menaces, de s'exposer à tous les périls, et d'opposer sa force d'inertie en refusant la sanction à toutes les mesures que sa conscience réprouvoit, et qui pouvoient compromettre le sort ou l'honneur du peuple français.

L'assemblée législative, malgré les efforts de plusieurs de ses membres autant distingués par leur courage et leurs vertus que par leurs talens, méditoit depuis long-temps, dans sa scélératesse, l'assassinat du Roi et la chute du trône : la journée du 20 juin 1792 éclaira la tentative de ce double forfait. La lie des nations étrangères, et celle de la France, fermentoient dans Paris comme dans un cloaque impur, et servoient tour à tour les projets des factions : agitées fortement par toutes les passions, remuées par tous les meneurs de la capitale, elles inondent comme un torrent le château des Tuileries, et remplissent l'air de leurs imprécations et des cris épouvantables de leur fureur et de leur rage. Le Roi qui entend qu'on en veut à ses jours, ouvre lui-même la porte de ses appartemens, et se présente aux assassins, non pas comme autrefois dans l'éclat de la majesté royale, mais avec ce front serein et cet ascendant de la vertu qui en imposent toujours à l'audace du crime. Le maire de Paris, dont le Roi connoissoit les intentions criminelles, voyant échapper encore la grande victime, paroît s'élancer comme pour l'arracher des mains des bourreaux, et dit d'une voix forte : Sire, vous n'avez rien à craindre. *Rien à craindre!* répond le Roi avec émotion ! *l'homme de bien, qui a sa conscience pure, ne tremble jamais; il n'y a que ceux qui ont quelque chose à se reprocher qui doivent avoir peur. Tiens*, ajouta-t-il en prenant la main d'un grenadier qui étoit à côté de lui, et la plaçant sur son cœur, *dis à cet homme s'il bat plus vite qu'à l'ordinaire.* Les tigres, altérés de sang, se retirent confondus de la sublimité de cet héroïsme, et ajournent l'exécution de leurs exécrables desseins.

Cependant, le 10 août, les brigands du midi, réunis aux brigands du nord, prennent les armes, fondent sur les Tuileries, égorgent les gardes que l'ordre du Roi avoit mis sans défense, et leur canon, qui retentit déjà dans les siècles, annonce à l'univers que le trône est en poudre. Louis croit épargner un grand crime à la nation, en se précipitant avec sa famille au sein de l'assemblée nationale; mais bientôt il est jeté avec sa famille dans les tours du Temple. Ainsi le descendant de saint Louis et d'Henri IV, le roi de France, la fille des Césars, la première reine du monde, tout ce que l'univers peut offrir de plus auguste et de plus grand ensemble, abandonnés de la nature entière, respirent l'air infect des cachots, et attendent leur arrêt de mort de la bouche même de leurs sujets. Oui, Messieurs, pendant cinq mois de la plus cruelle agonie, Louis et sa famille, confiés à la garde de la municipalité de Paris, sont en proie aux outrages, aux humiliations, aux contrariétés, aux privations de tout genre, et à tous les tourmens que la barbarie la plus ingénieuse peut inventer chaque jour : mais la dignité de Louis, sa douceur et sa patience, déconcertent la férocité des commissaires de la commune, et arrachent l'aveu pénible de leur admiration et de leur respect.

Les consolations de la religion, les pratiques auxquelles il est permis à Louis de se livrer, les soins qu'il prodigue à ses enfans, l'attachement de madame Elizabeth, la tendresse de son épouse, l'effusion de leurs affections mutuelles, de leurs larmes, de leurs gémissemens, adoucissent les souffrances de Louis, et allégent le poids du chagrin qui l'écrase; mais il ne jouira pas long-temps de ce foible secours; les barbares s'en aperçoivent et s'en irritent; leur rage lui envie la dernière ressource du malheur..... Louis est séparé de sa famille; ses entrailles paternelles réclament son fils, et son fils lui est inhumainement ravi... Ah! Messieurs, Louis cette fois ne peut plus résister à un mouvement d'impatience et de sensibilité : la nature use un instant de ses droits, mais la résignation reprend aussitôt les siens.

Le voilà donc, Messieurs, votre Roi, ce roi de France, le premier potentat du monde, enseveli dans un cachot affreux, n'entendant dans cette ténébreuse solitude que le bruit des verroux, ne voyant d'autres créatures que des tigres à face humaine, qui, avant de dévorer leur proie, la saturent d'outrages et de tourmens ! le voilà donc enfin réduit à attendre le dernier supplice, comme le seul et dernier terme à tant de maux ! O vous qui jadis portiez un regard jaloux sur l'immensité de la puissance de Louis ! si les sentimens de compassion et de pitié ne sont pas éteints dans vos âmes, mesurez, si vous l'osez, la distance du point d'élévation où Louis fut placé, à la profondeur de l'abîme dans lequel il est plongé maintenant, et prononcez ensuite s'il fut jamais chute plus épouvantable, ni malheur semblable au sien !.....

Mais toi, modèle de fidélité, généreuse victime d'un dévouement sans exemple, illustre et incomparable Cléry ! quand l'univers abandonne ton roi, tu te précipites seul dans son cachot pour soulager sa douleur et mourir avec lui, ou pour lui. Reçois les épanchemens de ce cœur navré ; essuie les larmes de Louis, offre-lui toutes les consolations qui dépendent de ton attachement ; partage, soutiens le lourd et cruel fardeau qui l'accable, et ton nom glorieusement accolé à celui du roi martyr, excitera la reconnoissance de nos derniers neveux, et sera gravé sur les tables de l'immortalité. Que d'autres, dans leur sot orgueil, ne voient dans Cléry que le fidèle valet de chambre du roi de France ; moi, dans ma sensibilité, je reconnois le compagnon volontaire de l'adversité de Louis, son plus tendre et son plus sincère ami ; je lui voue une gratitude éternelle, et lui laisse une part dans mon admiration et mon respect sans bornes pour son malheureux maître et le mien.

Louis fut vivement pénétré de la sublimité des sentimens de Cléry, de la loyauté de sa conduite, de la délicatesse et de l'empressement de ses soins ; il bénit la providence de lui avoir envoyé cet inespéré secours, la supplie de couvrir de son égide sacrée une tête si chère, et de ne pas permettre qu'elle tombe jamais sous les coups des méchans. Rien, Messieurs, n'égala sa reconnoissance pour Cléry, que le désir de lui en donner des marques, et ce besoin de son cœur ne pouvant être satisfait, vient encore accroître ses chagrins. Un jour que, se promenant dans sa prison en mangeant un morceau de pain, il rouloit dans sa triste pensée l'impuissance où il étoit de récompenser dignement des services qui étoient si fort au-dessus de toute récompense, il se tourne avec vivacité vers Cléry, lui présente l'aliment qu'il tient à la main, et lui dit : *Cléry, rompez ce pain, prenez-en la moitié, afin qu'il soit dit qu'avant ma mort, j'ai au moins partagé quelque chose avec vous.* Cléry rompt le pain, et tombe sans répondre aux pieds de son maître, qu'il arrose d'un torrent de larmes. O Louis ! ô mon Roi ! ton cœur est pleinement satisfait ; ce morceau de pain, partagé avec toi, est pour ton serviteur d'un prix infiniment au-dessus de la collection des plus riches diamans de ta couronne ! Mais voici le moment où l'assistance de Cléry devient encore plus nécessaire : la Convention nationale a décrété le procès de Louis, et l'a sommé de comparoître à sa barre. La majesté royale lui défend d'opposer une résistance scandaleusement inutile ; mais la dignité de sa couronne, la fierté de son âme, la pureté de sa conscience, tout lui prescrit de faire bien comprendre que même au dernier degré du malheur, il ne cède qu'à la force et n'obéit nullement à l'audace de ses sujets. Puissances de la terre qui avez injurieusement tremblé pour la gloire des diadèmes, reportez vos craintes sur vous-mêmes, et apprenez qu'un roi de France, qu'un Bourbon peut tout perdre, *fors l'honneur*. Louis paroît donc à la barre de l'assemblée, avec cet air de douceur et de majesté qui l'accompagna toujours. Ce négligé, remarqué sur toute sa personne, attestant, non l'affectation ni la singularité, mais les privations les plus rigoureuses, donnoit à Louis cet aspect vénérable qui en impose aux plus scélérats, et qui fit dire à l'un d'entr'eux : *Louis n'a rien de commun avec nous tous, c'est un être surnaturel*. Son maintien fut noble, sa contenance assurée, et ses yeux réfléchissant les dispositions de son âme, ne montrèrent ni haine, ni mépris, ni crainte, ni ressentiment. Le silence le plus profond qui régnoit dans l'assemblée annonçoit assez la présence de l'image de Dieu sur la terre. Un génie infernal ose interroger Louis par l'organe du président; un esprit céleste se charge de répondre par la bouche de Louis. Aussi, quelle présence d'esprit! quelle justesse! quelle logique! quelle précision! quelle modération! quelle fermeté! Les réponses de la plus haute sagesse pulvérisent les argumens du crime, et dissipent les subterfuges du mensonge et les vaines subtilités de la plus noire perfidie. Paroissez maintenant, vils calomniateurs des vertus et de l'intelligence de Louis, de son esprit et de sa capacité : en est-il un seul parmi vous qui, au comble de la fortune et du contentement, méditant dans le silence du cabinet, eût pu se promettre de produire au public le chef-d'œuvre que Louis, écrasé par le malheur, fut obligé d'improviser au milieu de ses ennemis ?... Cette scène, Messieurs, fut terminée par la demande que forma Louis de se choisir un conseil; il rentra ensuite dans sa prison avec la même sérénité qu'il en étoit sorti.

Bientôt Malesherbes, Tronchet, Desèze, noms à jamais vénérés, bravant tous les périls, accourent au

Temple offrir leurs consolations et leurs secours à Louis, qui les accueille et les reçoit avec les expressions de la plus vive reconnoissance, les presse contre son sein et les arrose de ses larmes. Ces trois courageux défenseurs s'occupent sans relâche, le jour et la nuit, à assurer le triomphe de leur auguste client par la force de la raison et de la vérité; et leur client, oubliant le sort qui le menace, n'est tourmenté que par l'impossibilité de récompenser tant de soins et de dévouement. Oui, Messieurs, le Roi de France est réduit à un tel dénûment, qu'il ne peut plus s'acquitter que par des larmes : mais que tes larmes sont précieuses, ô Prince infortuné! elles sont autant de perles qui enrichissent et décorent les réputations auxquelles elles s'attachent, et leur assurent la place d'honneur au sein de l'immortalité.

Après plusieurs jours d'un travail immense, M. Desèze fit lecture au Roi de son plaidoyer. Ce prince lui en témoigna sa satisfaction, et lui prodigua les éloges les plus flatteurs et les mieux mérités; mais il le pria de faire le sacrifice de sa péroraison, modèle achevé du plus grand pathétique. *Je veux les convaincre, et non pas les toucher.* Les convaincre! les misérables! ils sont convaincus de leur iniquité et de ton innocence. Les toucher! ah! déplorable victime, les tigres de l'Hircanie, les rochers du Caucase seroient plutôt sensibles ou amollis, que le cœur de tes assassins, flétri, séché, durci au feu des passions et au contact de leurs crimes.

Cependant le temps s'écoule, et Louis prévoyant que l'heure qui sonne est peut-être son heure dernière, compose ce testament admirable, monument précieux de religion, de gratitude, de clémence et de charité. Loin de moi, Messieurs, la témérité d'analiser ce chef-d'œuvre de la vertu humaine. Chrétiens, philosophes, hommes simples, hommes savans, lisez et méditez le testament de Louis ; ce testament dans lequel les ingrats, ceux de ses sujets qui l'outragent, l'assassinent ou l'abandonnent, trouvent le legs du pardon et la recommandation de leur bonheur ; comparez, et jugez si les fastes de l'antiquité offrent rien de plus beau, de plus grand et de plus sublime.

Le voilà donc, Messieurs, ce moment où Louis avec ses trois défenseurs paroît encore pour la dernière fois à la barre de la Convention. M. Desèze prononce ce plaidoyer éloquent qui seul auroit suffi pour faire éclater l'innocence, si l'innocence *avoit eu des juges et non des accusateurs*. Louis résume sa défense avec autant de force que de noblesse et de précision, et se retire sans songer à lui, mais en suppliant de donner des soins à M. Desèze hors d'haleine et trempé de sueurs. Rentré dans sa prison, Louis paroît moins triste qu'à l'ordinaire ; il semble qu'il hâte l'instant où il doit passer du temps à l'éternité ; il console ses défenseurs et Cléry, et les charme quelquefois par ses conversations enjouées ; mais s'adressant plus particulièrement à M. de Malesherbes, qui avoit honoré deux fois son ministère, et auquel il avoit toujours conservé une place distinguée dans son cœur : *Ne vous attristez pas, mon cher Malesherbes, je m'attends à la mort, je suis prêt à la recevoir ; et ce qui vous étonnera, c'est que ma famille est préparée pour cette dernière catastrophe. Vous me voyez bien tranquille : j'irai à l'échafaud avec cette même tranquillité.* Soutenez, grand Dieu ! le courage de Louis : il est condamné à mort, et son appel au peuple rejeté...... Les trois défenseurs arrivent dans la tour, mornes, abattus, la voix étouffée par les pleurs...... L'ami du cœur de Louis, ce vénérable vieillard, Malesherbes enfin fait entendre ces mots terribles, entrecoupés par les sanglots : Sire, vous êtes courageux...... votre fatal jugement est porté. Il s'abandonne ensuite à toute son affliction. *Si vous m'aimez, mon cher Malesherbes, pourquoi m'envier le seul asile qui me reste ?* Ah! Sire, répond le vieillard, il y a encore de l'espoir; on va délibérer s'il y aura un sursis. Le peuple est généreux, et vous êtes si bienfaisant! *Non, non,* dit le Roi, *il n'y a plus d'espoir, et je suis prêt à m'immoler pour le peuple. Puisse mon sang, dont on est altéré, le sauver des horreurs que je redoute pour lui! Au nom de Dieu, mon cher Malesherbes, ne pleurez pas; nous nous reverrons dans un monde plus heureux.* Fut-il jamais, Messieurs, de courage plus héroïque, et d'âme plus sensible et plus aimante ?

Nous touchons déjà, Messieurs, au dénouement épouvantable de cette sanglante tragédie; aurai-je la force d'assister aux derniers momens de Louis, et de le suivre à l'échafaud ?

Dans la soirée du 20 janvier 1793, le ministre des parricides vient annoncer à Louis qu'il faut mourir le jour suivant. Louis, dès long-temps préparé, reçoit cet ordre de mort avec calme et tranquillité. Il obtient seulement, pour dernières faveurs, de voir sa famille, et de communiquer sans contrainte avec le prêtre de son choix.

Nous allons terminer avec les hommes; mais avant, Messieurs, qui pourra peindre le groupe si intéressant de la famille sacrée? Louis, son épouse, ses enfans et sa sœur, les bras entrelacés, se serrant mutuellement, se couvrant d'embrassemens et de larmes, et se disant les plus touchans adieux. Un tableau si déchirant est au-dessus des facultés de mon âme, et demande le pinceau le plus délicat et le plus exercé. Je dirai seulement que le tribut exigé par la nature fut payé, et rien de plus; qu'il n'y eut aucune marque de foiblesse; qu'ils se séparèrent tous avec courage, et dans l'espoir de commencer bientôt ensemble une nouvelle vie.

Le temps finit donc, Messieurs, pour Louis; son imagination, franchissant l'espace, vole déjà dans l'éternité. M. de Fermont, prêtre non assermenté, qui avoit obtenu le pénible et dangereux honneur d'assister au couronnement du Roi martyr, passe une partie de la nuit avec lui, célèbre la messe, lui donne la communion, qu'il reçoit dans le plus grand recueillement et avec les marques de la plus touchante piété. Louis se couche ensuite avec une tranquillité étonnante, et s'endort d'un profond sommeil, jusqu'au moment où Cléry, pour obéir à ses ordres, le réveille et l'habille pour la dernière fois.

Il paroît donc, Messieurs, ce 21 janvier d'exécrable mémoire, qui doit éclairer le plus grand, le plus horrible de tous les attentats..... J'entends le bruit des verroux: tout mon sang se glace de terreur et d'effroi.... C'est le commandant de Paris et deux prêtres, Jacques Roux et Pierre Bernard, chargés d'amener la victime sous le couteau. Louis, sans trouble, sans la moindre altération dans ses traits, adresse quelques paroles de consolation à son cher Cléry, invite le prêtre Roux, avec cette douceur et cette politesse qui le caractérisent, à remettre un paquet à la commune, et il en reçoit cette brutale et féroce réponse: *Je ne suis pas venu pour tes commissions, mais pour te conduire à l'échafaud. C'est juste*, répond Louis: *marchons.* Ah! monstre effroyable, opprobre éternel du sacerdoce et de l'humanité! Louis ira à l'échafaud; mais l'échafaud, pour Louis, n'est qu'un degré vers les cieux....* Et toi, misérable assassin! l'échafaud qui t'attend est le bord du gouffre qui doit t'engloutir à jamais!

Louis, assisté du ministre de la religion, arrive au lieu du supplice, et sur cette même place qui fut à son mariage rougie du sang de plusieurs milliers de Français. Descendu au pied de l'échafaud, on veut lui lier les mains : il résiste; mais le ministre de Dieu, qui étoit à ses côtés, le rend docile par ces mots : *Il ne manquoit plus à vos souffrances que cette conformité avec celles de Jésus-Christ*; et aussitôt ces mains royales, ces mains si généreuses, ces mains qui avoient distribué tant de dons, prodigué tant de bienfaits, sont serrées par d'infâmes liens.... Louis reçoit l'ordre de Dieu, par l'organe du vénérable Fermont. *Allez, fils de saint Louis, montez au ciel*. Louis paroît sur l'échafaud avec le calme de l'innocence, la force de la vertu, et la physionomie céleste d'un prédestiné. Son amour et sa clémence veulent encore se faire entendre à ses enfans; mais le bruit des tambours étouffe les accens de sa voix paternelle. Il se livre alors aux exécuteurs en leur disant : *Je meurs innocent; je souhaite que mon sang puisse cimenter le bonheur des Français!* Les bourreaux s'approchent.... Arrêtez, sacriléges.... je frémis.... la hache brille.... que dis-je, elle est fumante; et de quel sang, grand Dieu! du sang du meilleur des rois, et du plus honnête homme de son royaume! Je succombe; Messieurs, à l'excès de ma douleur; permettez que je respire un moment.... Mes yeux avides cherchent ce tronc défiguré, cette

* *Voyez* le poëme de *la Pitié*, ch. 3.

tête sanglante; tout a disparu : la fureur les consume, la tombe les dévore par un décret... oui, par un décret de cette providence, qui ne permet pas qu'il reste rien de Louis sur cette terre frappée de malédictions, que l'honneur de sa mémoire et le parfum de ses vertus.

Fuyons, Messieurs, fuyons ce théâtre affreux; mais où porter nos pas? les rayons du soleil éclipsé par des nuages épais et sombres, le silence le plus farouche, seulement quelques hommes pâles et défaits, qui, dans leur course incertaine, craignent de rencontrer des hommes; tout annonce l'horreur du parricide, le désert de la vertu et le séjour du crime. Cherchons ailleurs quelques motifs d'assurance et de consolation : élevons, Messieurs, nos regards vers le ciel, et contemplons Louis tout resplendissant de gloire et de bonheur, soutenu par saint Louis, aux pieds de l'Éternel, penché au sein des miséricordes, sollicitant par la ferveur de ses prières la grâce de ce peuple plus malheureux que coupable, et qui sera toujours son peuple.

Si toutefois le roi des rois ne peut, sans blesser sa justice, exaucer à l'instant les vœux de son martyr, sa bonté divine, en lui voilant par affection les malheurs de sa famille, et les terribles effets du châtiment que son peuple doit subir, lui découvre, dans ses complaisances, l'avenir réparateur, lui montre dans le lointain cette longue suite de rois qui doivent perpétuer sa race, et illustrer encore son royaume; lui présente, dans un horizon moins étendu, sa fille unique, l'amour et l'ornement de la France, unie à l'héritier présomptif de sa couronne; offre à ses yeux enchantés son auguste frère Charles-Philippe, hâtant par son courage, sa persévérance et sa loyauté, le rétablissement du trône; et le comble de félicité, en lui permettant de détacher un rayon de son auréole, pour éclairer la route de *Louis le Désiré*, sortant enfin de son long exil, s'avançant majestueusement sur les flots, abordant, la couronne sur sa tête, la terre natale, et rentrant en France comme la colombe rentra dans l'arche, portant une branche d'olivier, et annonçant aux Français, échappés au déluge de tant de calamités, la réconciliation des hommes, la paix des nations, et le pardon de Dieu.

FIN.

www.ingramcontent.com/pod-product-compliance
Lightning Source LLC
Chambersburg PA
CBHW060946050426
42453CB00009B/1142